Boston Public Library
Boston, MA 02116

Título original del libro
Curie and the Science of Radioactivity

Título original de la colección
The Explosion Zone

Autor
Ian Graham estudió Física Aplicada en City University en Londres. Luego realizó estudios de posgrado en periodismo, especializándose en ciencia y tecnología. Desde que se convirtió en escritor y periodista independiente ha escrito más de un centenar de libros de no ficción para niños.

Ilustrador
David Antram nació en Brighton, Inglaterra, en 1958. Estudió en Eastbourne College of Art y trabajó en publicidad durante quince años antes de ser artista de tiempo completo. Ha ilustrado muchos libros de no ficción para niños.

Creador de la serie
David Salariya

Edición en inglés
Michael Ford

Graham, Ian
  Curie y la ciencia de la radiactividad / escrito por Ian Graham ; ilustrado por David Antram. -- Bogotá : Panamericana Editorial, 2005.
    32 p. : il. ; 24 cm. -- (Zona de explosión)
    Incluye glosario e índice.
    ISBN 978-958-30-1846-6
    1. Curie, Marya Sklodovska, 1867-1934 2. Mujeres científicas – Biografías – Literatura infantil 3. Radiactividad – Historia – Literatura infantil I. Antram, David, 1958-   , il. II. Tít. III. Serie.
I923.846 cd 19 ed.
AJF3499

CEP-Banco de la República-Biblioteca Luis Ángel Arango

Editor
Panamericana Editorial Ltda.

Traducción
Diana Esperanza Gómez

Primera edición en Panamericana Editorial Ltda, junio de 2007
Primera edición, The Salariya Book Company Ltd., 2004
© 2004 The Salariya Book Company Ltd.
© 2005 de la traducción al español: Panamericana Editorial Ltda.
Calle 12 No. 34-20. Tels.: 3603077 - 2770100
Fax: (57 1) 2373805
Correo electrónico:
panaedit@panamericanaeditorial.com
www.panamericanaeditorial.com
Bogotá, D.C., Colombia

ISBN 978-958-30-1846-6

Todos los derechos reservados.
Prohibida su reproducción total o parcial
por cualquier medio sin permiso del Editor.
Impreso por Panamericana Formas e Impresos S. A.
Calle 65 No. 95-28. Tel.: 4300355. Fax: (57 1) 2763008.
Bogotá, D.C., Colombia
Quien sólo actúa como impresor.

Impreso en Colombia   Printed in Colombia

Curie
y la ciencia de la radiactividad

Escrito por
Ian Graham

Ilustrado por
David Antram

Zona de Explosión

PANAMERICANA
EDITORIAL

Contenido

Introducción	5
Una niña polaca	6
Rayos invisibles	8
Un misterioso elemento	10
Un brebaje de bruja	12
La radiación	14
El radio está de moda	16
Ampollas y quemaduras	18
Contándoles a todos	20
¡Tragedia!	22
Las pequeñas Curie	24
Bienvenida a América	26
El fin de la historia	28
Glosario	30
Índice	32

Introducción

El 17 de noviembre de 1867 Marya Sklodovska nació en Varsovia, Polonia, nación que estaba bajo el dominio de Rusia en esos momentos. Cuando las autoridades rusas prohibieron los estudios de laboratorio en los colegios de Varsovia, el padre de Marya, un profesor, guardó todo el equipo de laboratorio en su casa. Desde entonces, Marya desarrolló un interés temprano por la ciencia.

Marya Sklodovska, posteriormente casada y conocida como Marie Curie, llegó a ser una de las científicas más famosas e importantes del mundo. Sus descubrimientos hubiesen sido maravillosos en cualquier momento, pero ella los hizo en una época en la cual las mujeres raramente estudiaban ciencias a un nivel avanzado o trabajaban como científicas. Ella recibió muchos premios y honores que nunca antes habían sido otorgados a una mujer. Logró superar enormes dificultades para realizar su trabajo, que era más importante para ella. Hubiese podido obtener una gran cantidad de dinero con el fruto de su trabajo, pero puso sus descubrimientos a disposición del bien de la ciencia. Marya descubrió nuevos materiales que se comportaban de manera extraña. Al estudiarlos creó una rama completamente nueva en la ciencia que nos condujo a las estaciones de poder nuclear, a los tratamientos de radiación contra el cáncer y a avanzar en la comprensión de los átomos.

Una niña polaca

arya Sklodovska, creció con el equipo de laboratorio de su padre en casa. Tal vez esto provocó su interés por la ciencia. Fue estudiante estrella en el colegio. Cuando se graduó quería estudiar Medicina en la universidad, pero no era posible hacerlo en Varsovia. Tendría que dejar su hogar.

En 1891 se mudó a París para estudiar y se hizo llamar Marie. Tuvo que realizar un gran esfuerzo para adelantarse y alcanzar a los otros estudiantes. Trabajó muy fuerte hasta graduarse en Física y Matemáticas. Luego conoció a un científico llamado Pierre Curie. Pierre y Marie se casaron en 1895. La nueva Madame Curie decidió hacer un doctorado en Ciencias. ¡Era algo que ninguna mujer en Europa había hecho antes!

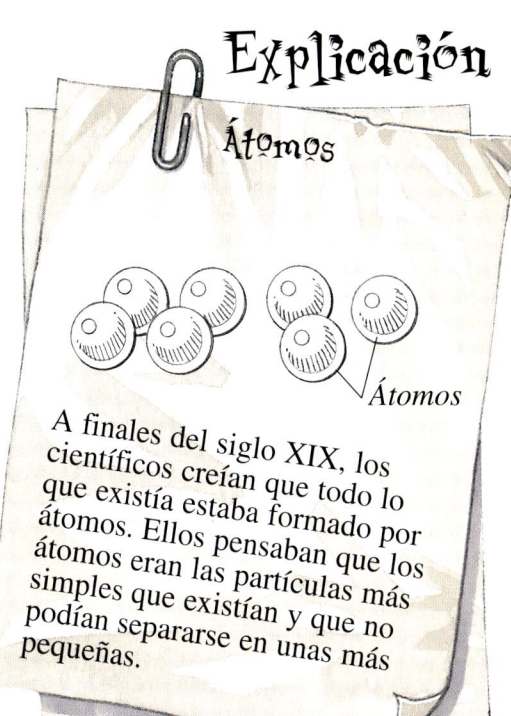

Explicación

Átomos

A finales del siglo XIX, los científicos creían que todo lo que existía estaba formado por átomos. Ellos pensaban que los átomos eran las partículas más simples que existían y que no podían separarse en unas más pequeñas.

INSTITUTRIZ. Antes de que Marya fuera a París a estudiar, ganaba dinero trabajando como institutriz en casas de familias muy adineradas (arriba).

MATRIMONIO. Marie y Pierre Curie se casaron en París el 26 de julio de 1895. Pasaron el resto del verano paseando por el campo en bicicleta.

Ahora entiendo lo que ocurre, papá.

Rayos invisibles

Marie tuvo que decidir qué investigar para su doctorado. Dos descubrimientos recientes le interesaron. Dos científicos, Wilhelm Roentgen y Henri Becquerel, habían descubierto unos rayos misteriosos. Los rayos de Roentgen fueron llamados posteriormente rayos X. ¡Estos rayos podían pasar a través de las personas y tomar una fotografía de la sombra de sus huesos! Roentgen tomó una fotografía de rayos X a la mano de su esposa. Becquerel descubrió que un material llamado uranio producía rayos que también velaban las placas fotográficas. La mayoría de los científicos estaban más interesados en los rayos X, pero Marie decidió estudiar los rayos de uranio. Esta decisión cambiaría la historia de la ciencia.

Rayos de uranio de Becquerel

BECQUEREL COLOCÓ un pedazo de uranio sobre una placa fotográfica envuelta en papel para aislar la luz.

DESPUÉS DE ALGÚN TIEMPO desenvolvió la placa y en la oscuridad la procesó en una solución química.

CUANDO la miró a contra luz pudo observar una mancha oscura en el centro, justo donde había colocado el uranio.

Un misterioso elemento

Marie Curie quería saber si el uranio era el único material que producía rayos misteriosos. Para confirmarlo, tuvo que analizar cientos de materiales diferentes. Otros científicos hicieron lo mismo ensayando solo con materiales que pudieran velar las placas fotográficas. Marie escogió un método diferente que fue más rápido y más exacto. Ella experimentó con cada material colocándolo dentro de un instrumento inventado por su esposo denominado electrómetro. Cualquier rayo que éste producía facilitaba el flujo de la electricidad a través del electrómetro.

¡Marie, esto es muy interesante!

La magnitud de la corriente eléctrica demostraba la fuerza de los rayos. En la mayoría de las pruebas la actividad estaba ausente, pero aquellos materiales que contenían un elemento llamado torio produjeron rayos como los del uranio. Marie inventó una nueva palabra para describir este comportamiento: la radiactividad.

Explicación

Átomo de Bohr

Órbitas del electrón

Núcleo

El científico danés Neils Bohr observó la idea de Rutherford acerca de la distribución de los átomos y la mejoró. Él creía que los electrones solamente podían estar a cierta distancia del núcleo, como la Luna que orbita al planeta, y no se podían aglomerar al azar alrededor de éste.

Uranio

PECBLENDA. Uno de los materiales analizados por Marie Curie fue la pecblenda. Este material contenía uranio, pero producía rayos aún más fuertes que éste. Existía algo dentro de la pecblenda que le permitía producir estos rayos. Marie encontró dos elementos nuevos: uno fue llamado "polonio", en honor a su tierra natal, Polonia; y el otro, "radio".

Pecblenda

11

Un brebaje de bruja

Marie y Pierre necesitaban mucho radio, pero la pecblenda era muy costosa para comprarla. Afortunadamente, el gobierno austriaco tenía material radiactivo de sobra y les dio una tonelada permitiéndoles adquirirla a un precio más económico. Como trabajaban en una cabaña muy vieja con goteras, ¡debían tener mucho cuidado al colocar el equipo para evitar que se mojara cuando llovía! Ellos hervían la pecblenda con ácidos y otros químicos para separar la parte radiactiva del resto. Como la cabaña se llenaba rápidamente de humo y de gases, debían trabajar al aire libre siempre que les fuera posible. Sus gavetas se llenaban rápidamente de frascos con líquidos y sólidos que obtenían al procesar la pecblenda. Necesitaban cerca de 8 toneladas para obtener sólo ¡un gramo de radio!

La radiación

Cuando Marie estudió el radio, encontró que su radiación era dos millones de veces más fuerte que la del uranio. El radio emitía un gas radiactivo, que posteriormente se llamó radón. También producía calor y brillaba fuertemente en la oscuridad, lo suficiente como para leer con su luz. Lograba que los materiales cercanos también brillaran, los diamantes lo hacían particularmente bien. También actuaba en las placas fotográficas tal como el uranio y cambiaba el color de las botellas de vidrio, en las cuales se colocaba, en color violeta. Incluso hacía radiactivos aquellos materiales que se encontraban cerca de él, ¡como la ropa de Marie Curie!

Radio

ELEMENTO MUY CALIENTE. ¡El radio producía tanto calor que el agua fría hervía al verter un poco de radio en ella! (Izquierda).

MANTENER EL CALOR. Por lo general hacía demasiado frío en la cabaña de Marie. ¡Un poquito de calor, aunque proviniera de una pequeña botella de radio, era bienvenido!

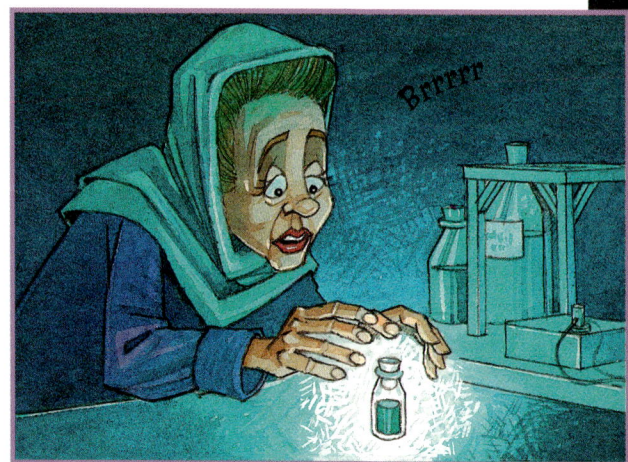

El radio está de moda

uando se empezó a conocer la noticia del descubrimiento del radio, todos estaban fascinados. Los periódicos y revistas anunciaban que este líquido brillante podía calmar el dolor, curar toda clase de enfermedades, hacer funcionar máquinas sorprendentes e incluso destruir una ciudad completa con su gran poder. Pronto, las medicinas que contenían radio estuvieron disponibles al público.

Muchos años después, la gente empezó a darse cuenta de su peligro. Marie y Pierre enfermaron durante su trabajo, perdieron peso y sus dedos tenían heridas por manipular el radio y otros materiales radiactivos sin ninguna protección.

MEDICINA MILAGROSA. La gente pensaba que el radio era un material milagroso que curaba enfermedades. Por eso comenzaron a comprar medicinas fabricadas a base de radio.

¡Luces radiante esta noche!

Ampollas y quemaduras

Muy pocos científicos se habían dado cuenta de que los materiales radiactivos podían ser muy peligrosos y causar quemaduras. Henri Becquerel se quemó al portar un poco de radio en su bolsillo. Marie Curie también se quemó cuando cargaba un poco de radio, ¡éste iba dentro de una caja metálica! Entonces, Pierre estudió el efecto del radio realizando un experimento muy peligroso ¡en su cuerpo! Colocó un poco de radio sobre su brazo y luego observó lo que le ocurría a su piel. Se preguntó si la capacidad del radio para matar las células podría ser utilizada para tratar algunas enfermedades. Si podía matar células sanas, también podía matar células infectadas. Tal vez el radio podía curar el cáncer, un estado que se genera cuando las células se multiplican fuera de control. Cuando los doctores lo intentaron, funcionó. La radioterapia, tal como se conoce ahora, es utilizada hoy para tratar algunos tipos de cáncer.

¡Lo que hago en nombre de la ciencia!

UN TIEMPO después de que Pierre puso un poco de radio sobre su brazo, la piel se puso roja, como una quemadura, pero no tan dolorosa.

EL COLOR rojizo empeoró a los pocos días. Para el día veinte se habían formado algunas costras sobre su brillante piel roja.

CONTINUÓ empeorando y se convirtió en una herida abierta que tuvo que ser cubierta con vendas.

FINALMENTE, piel nueva empezó a formarse sobre la herida en el día 42. Diez días después había curado, pero tenía un color grisoso muy extraño.

Explicación

Daño del ADN

El código genético que controla todas las células vivientes está compuesto por ADN, que es una estructura en espiral, con dos cadenas de partículas entrelazadas. La radiación lastima las células vivientes, porque aleja las partículas del ADN. Así podría matar las células o simplemente cambiar el modo como trabajan.

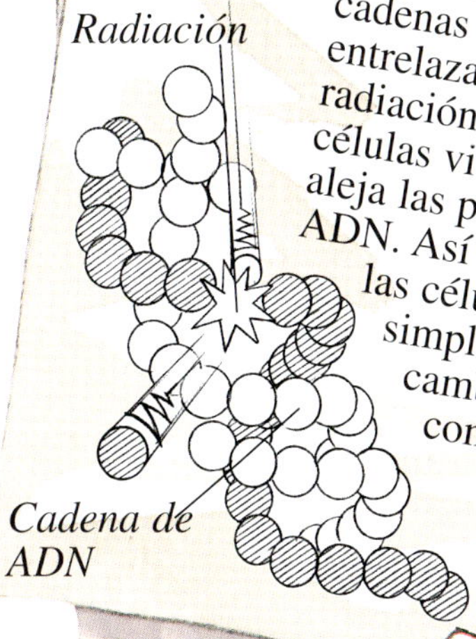

Radiación

Cadena de ADN

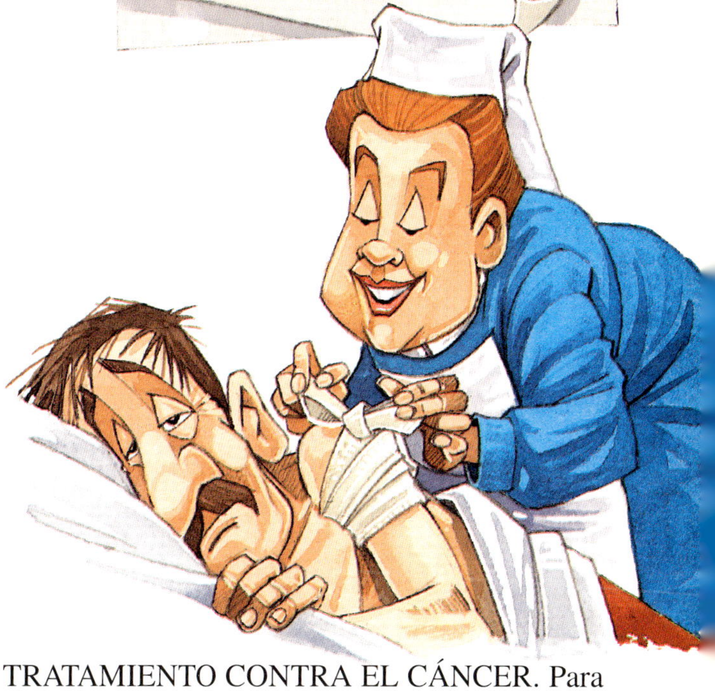

TRATAMIENTO CONTRA EL CÁNCER. Para tratar a los pacientes que sufrían de cáncer se utilizaron unos tubos de vidrio muy delgados llenos de gas radón radiactivo obtenido del radio. La radiación mataba las células cancerígenas.

Contándoles a todos

En 1903, Marie y Pierre Curie fueron invitados a Londres para hablar, acerca de su trabajo en el Royal Institution, una importante organización a la cual pertenecían los científicos británicos más destacados. En esa época no se les permitía a las mujeres intervenir, por eso Pierre tuvo que dictar toda la conferencia mientras Marie observaba. ¡De hecho, fue la primera mujer que pudo ingresar a una reunión en ese lugar! Pierre explicó todo lo que habían descubierto acerca del radio, llevó una muestra y la utilizó para comprobar sus extraños efectos. Los reportes de la conferencia hicieron a los Curie famosos en Inglaterra.

Al terminar 1903, Henri Becquerel y los Curie recibieron el Premio Nobel de Física, uno de los más importantes para la ciencia a nivel mundial. Tristemente, Marie estaba muy enferma para hacer un viaje de 48 horas a Estocolmo para recibir el premio de manos del rey de Suecia. Otros honores y premios le siguieron a éste.

PIERRE ENFERMA. Antes de su conferencia en el Royal Institution, Pierre estaba tan enfermo a causa del envenenamiento radiactivo, que difícilmente pudo vestirse. Durante la charla, sus dedos estaban tan maltratados que dejó caer el radio.

MEDALLA DAVY. Entre los premios otorgados a los Curie por su trabajo se incluía la Medalla Davy de la Sociedad Real. Ésta solamente se otorga por los descubrimientos más importantes en el mundo de la Química.

Medalla Davy

¡Tanto dinero desperdiciado!

Explicación

Transmutación

Protactinio 234 $^{234}_{91}Pa$* — Partícula beta emitida

β

Uranio 234 $^{234}_{92}U$

α

Torio 230 $^{230}_{90}Th$

α

Radio 226 $^{226}_{88}Ra$

α

Radón 222 $^{222}_{86}Rn$ — Partícula alfa emitida

Cuando un átomo se desintegra, los números y tipos de partículas en su núcleo cambian. El átomo varía de un elemento a otro, fenómeno que se conoce como transmutación. El radio se produce por la desintegración de otros elementos.

*Los elementos se escriben de este modo para identificar qué isótopo es.

INVITACIONES. Marie y Pierre fueron invitados a comer con gente muy importante y con mucho dinero. Por lo general, se preguntaban cuánto equipo podrían haber comprado para su laboratorio, con toda la joyería fina que los invitados utilizaban.

¡Tragedia!

El 19 de abril de 1906 la tragedia los golpeó. Pierre fue atropellado por un carruaje tirado por caballos mientras cruzaba una calle. Murió inmediatamente. Marie tenía el corazón roto. Pierre había sido profesor en la Sorbona, que hacía parte de la Universidad de París. La Sorbona le pidió a Marie tomar su lugar. Ella aceptó y entonces se convirtió en la primera mujer profesora de esta universidad. Luego la Universidad de París y el Instituto Pasteur acordaron construir un Instituto de Radio con un laboratorio radiactivo, que dirigió Marie.

Marie y Pierre Curie habían recibido su primer Premio Nobel por su trabajo acerca de la radiactividad. En 1911, Marie recibió su segundo Premio Nobel, esta vez en Química. Se le otorgó por su descubrimiento del radio y el polonio.

Explicación

Medición de la radiación

Para medir objetos existen unidades como los metros y los kilogramos. Se requerían nuevas unidades para medir la radiactividad. A Marie le cupo el honor de crear una de estas nuevas unidades. Los científicos lo llamaron el curio (Ci) en su honor. Un curio es la cantidad de elemento radiactivo en la cual hay 37 mil millones de desintegraciones atómicas por segundo.

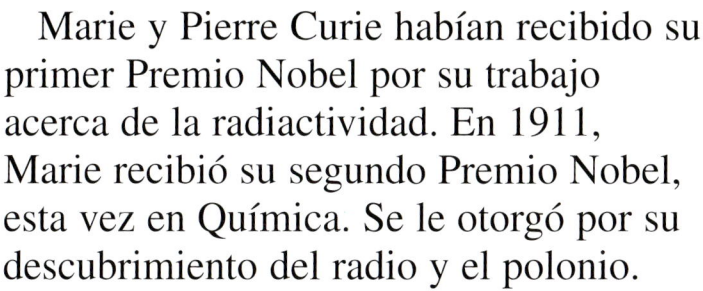

¡Ooooouuuuu, muchachos!

ENSEÑANZA. Marie y algunos de sus amigos enseñaban a niños. Su hija, Irene, y otros niños aprendieron ciencias con la experta mundial en radiactividad.

Las pequeñas Curie

El Instituto de Radio fue terminado en 1914 sobre la recién llamada Rue Pierre-Curie, pero Marie no pudo trasladarse allí. La Primera Guerra Mundial había empezado y todo su personal se fue al servicio militar. Marie tomó todo el radio que había en Francia, y lo sacó de París para alejarlo de las manos alemanas. Lo transportó en tren hacia Burdeos. Allí llenó algunas camionetas con equipos de rayos X y partió al frente de batalla con su hija Irene. Los soldados franceses llamaron a estas camionetas "les petites Curie" (las pequeñas Curie). Ella tomaba rayos X a los soldados heridos para ayudar a los doctores. Poco tiempo después de que la guerra terminó, en 1918, pudo finalmente trasladarse al Instituto de Radio.

No, querido, ésta no es mi lonchera.

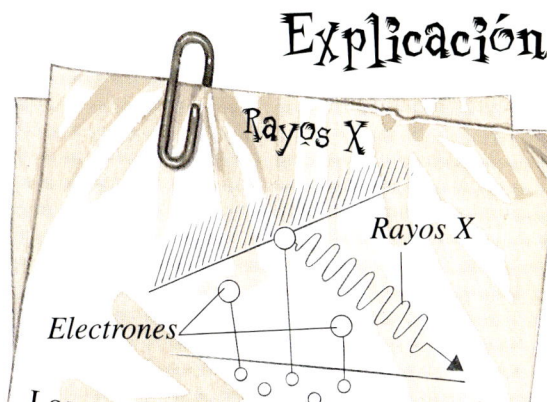

Explicación

Rayos X

Los rayos X se producen cuando los electrones que se mueven rápidamente golpean un material fuerte y se detienen repentinamente. Su movimiento cambia instantáneamente transformándose en ondas de energía, tal como las ondas de radio pero un poco más cortas. Estas ondas tienen tanta energía que pueden pasar a través de algunas cosas, ¡incluyendo el cuerpo de las personas!

EL ESFUERZO DE LA GUERRA.
El gobierno le pidió a la gente que entregara plata y oro para la guerra. Marie quiso donar sus medallas, pero los oficiales se rehusaron a tomarlas.

Bienvenida a América

En mayo de 1920, Marie concedió una entrevista a la editora de una revista americana, la señora William Brown Meloney. Cuando Marie le dijo que necesitaba con urgencia radio, la señora Meloney comenzó la Campaña de Radio Marie Curie para poder obtenerlo. Francia le otorgó la Legión de Honor, el premio más importante del país, pero se negó a aceptarlo. Quería un mejor laboratorio, no más premios. Aunque odiaba la publicidad y las multitudes, fue persuadida para ir de viaje a los Estados Unidos en 1921. El éxito fue enorme. El presidente de los Estados Unidos, Warren Harding, la conoció y le dio una gran cantidad de radio. Muchas personas más la ayudaron. Regresó a París con radio, equipo y dinero. Hizo un segundo viaje a EE. UU. en 1929 y conoció al nuevo presidente, Herbert Hoover. En este viaje recaudó el dinero suficiente para construir un segundo Instituto de Radio en Varsovia, dirigido por su hermana Bronya.

DOLORES Y MALESTARES. A los pocos días de llegar a los Estados Unidos, Marie tuvo que poner su brazo derecho sobre un cabestrillo, porque su brazo y su mano le dolían ¡de darle la mano a tanta gente!

Explicación

Vida media

1.620 años · 1.620 años

Algunos elementos se descomponen más rápido que otros. La velocidad está determinada por la vida media de un elemento, el tiempo para que la mitad de este elemento se descomponga. La vida media puede ser menor a un segundo o miles de años. Uno de los isótopos del radio tiene un promedio de vida de 1.620 años.

¡Bienvenida a América!

TÍTULOS. Las universidades y colegios de Estados Unidos le otorgaron a Marie diversos títulos para honrar su trabajo. Como ella estaba demasiado enferma para recibirlos en persona, sus hijas Irene y Eva los aceptaban en nombre suyo.

El fin de la historia

La salud de Marie había empeorado con los años. Tenía quemaduras muy dolorosas en sus manos. Se sentía cansada y por lo general sufría de fiebre y escalofríos. Su vista también fallaba. Escribía notas con letra muy grande y sus hijas debían guiarla en sus salidas. Después de una operación en sus ojos pudo volver a trabajar e incluso conducir un automóvil. Treinta y cinco años de estar manipulando materiales radiactivos y respirando sin protección gases radiactivos, así como la exposición a los rayos X durante la guerra, habían cobrado su precio. Estaba demasiado enferma como para trabajar.

Los doctores no pudieron determinar qué le pasaba a Marie. Pensaban que su pobre salud se debía a la tuberculosis. Pero los exámenes de sangre demostraron que sufría de un desorden sanguíneo, que no supieron identificar. Probablemente era leucemia, un tipo de cáncer que afecta la sangre y que posiblemente había sido causado por la radiación.

Debes descansar un poco más, madre.

PROTECCIÓN DEL PLOMO. En 1925, la Academia Francesa de Medicina recomendó a todos aquellos que trabajaban con radio realizarse pruebas sanguíneas y utilizar trajes de plomo por seguridad. Marie insistía que sus estudiantes y todas las personas que trabajaran con ella tomaran todas las medidas de seguridad, pero ella no las usó para sí misma.

Vestido de plomo protector para manipular material radiactivo

LOS ÚLTIMOS DÍAS. En mayo de 1934, Marie dejó los laboratorios del Instituto de Radio por última vez. Su condición empeoró gradualmente. Los doctores no podían hacer más por ella. Murió el 4 de julio de 1934, su hija Eva la acompañó en su lecho de muerte.

Explicación

Efecto en la vida

Los distintos tipos de radiación ejercen diferentes efectos sobre los seres vivos, incluyendo a las personas. Por esto, así sepamos cuánta radiación existe no podremos saber ni mucho ni poco acerca de cómo afecta a los seres vivientes. Poder medir los efectos reales de la radiación es muy importante para proteger a las personas. Por eso se creó una unidad de medida llamada sievert.

ENTIERRO DE NUEVO. En 1995, Marie y Pierre Curie fueron enterrados de nuevo en el Panteón de París, el sitio donde se sepulta a las personas más ilustres de Francia.

Glosario

Átomo. Partícula más pequeña de un elemento que puede tomar parte en una reacción química.

Cáncer. Enfermedad causada por células que se multiplican fuera de control. El cáncer puede ser causado por los efectos nocivos de la radiación sobre las células vivientes.

Descomposición. Cambio de un núcleo radiactivo a un núcleo diferente, produciendo partículas u ondas energéticas, que resultan en un nuevo isótopo.

Electrón. Una de las tres partículas de las que están compuestos los átomos. Un electrón tiene carga eléctrica negativa.

Elemento. Forma más simple de una sustancia que puede tomar parte en las reacciones químicas.

Isótopos. Diferentes formas del mismo elemento hechas de átomos con diferentes números de neutrones en sus núcleos. Algunos isótopos son radiactivos.

Laboratorio. Lugar donde los científicos trabajan y realizan experimentos.

Leucemia. Tipo de cáncer que afecta la sangre y consiste en la producción cada vez más numerosa de glóbulos blancos, mientras que el número de glóbulos rojos disminuye.

Masa atómica. Número total de protones y neutrones en el núcleo.

Neutrón. Una de las tres partículas de las que están compuestos los átomos. Los neutrones se encuentran dentro del núcleo de un átomo. No todos los átomos tienen neutrones. Un neutrón no tiene carga eléctrica. Puede cambiar o transformarse en un protón, produciendo una partícula beta.

Núcleo. La partícula o partículas que se encuentran en el centro de un átomo.

Partícula alfa. Tipo de partícula producida por algunos elementos radiactivos. Está compuesta por cuatro partículas más pequeñas: dos protones y dos neutrones.

Partícula beta. Tipo de partícula producida por algunos elementos radiactivos. Una partícula beta es el electrón que se produce cuando se descompone un neutrón, dejando un protón atrás.

Pecblenda. Un tipo de roca que contiene uranio. Marie Curie descubrió el radio y el polonio en este material.

Polonio. Uno de los dos nuevos elementos descubiertos por Marie Curie en la pecblenda.

Protón. Una de las tres partículas de las cuales están compuestos los átomos. Los protones se encuentran dentro del núcleo del átomo. Un protón tiene carga eléctrica positiva.

Rayo gamma. Un tipo de radiación producido por el núcleo radiactivo en forma de onda, como el radio o la luz, pero con ondas más cortas.

Radiación. Partículas y energía de ondas producidas por las sustancias radiactivas. Otras ondas, incluyendo el radio, la luz y los rayos X, también son denominadas radiación.

Radiactividad. Descomposición de un elemento radiactivo produciendo partículas alfa o beta o rayos gamma.

Radio. Uno de los dos nuevos elementos descubiertos por Marie Curie en la pecblenda.

Rayos X. Ondas de energía similares a las ondas del radio y las ondas de la luz pero más cortas, producidas cuando los electrones que se mueven rápidamente golpean un material fuerte.

Transmutación. Cambio de un tipo de átomo a otro a través de la descomposición radiactiva.

Tumor. Crecimiento causado por las células que se dividen y multiplican fuera de control.

Vida media. El tiempo para que la mitad de los átomos de un elemento radiactivo se descomponga una vez.

Índice

A
ADN 19
átomos 7, 9, 11, 13, 21, 30

B
Becquerel, Henri 8, 18, 20
Bohr, Niels 11

C
cáncer 18, 19, 30
curio (unidad de medida) 23

D
descomposición radiactiva 13

E
electrones 9, 11, 17, 25, 30
elemento 17, 21, 23, 27, 30

H
Harding, presidente Warren 26
hidrógeno 17
Hoover, presidente Herbert 26

I
Instituto Pasteur 22
Instituto de Radio 22, 24, 26, 29
isótopos 17, 30

L
Legión de Honor 26
leucemia 28, 30

M
Marie Curie, Campaña de Radio 26
Medalla Davy 21
medicina 16
Meloney, William Brown 26

N
neutrones 17
núcleo 9, 11, 13, 15

P
Panteón, 29
partículas alfa 15, 21, 31
partículas beta 15, 21, 31
pecblenda 11, 12, 13, 31
pequeñas Curie, las 24
polonio 11, 23
Premio Nobel 20, 23
protactinio 21
protones 17, 31

R
radiación 14, 15, 19, 29, 31
radiactividad 11, 13, 23, 31
radioterapia 18
radio 11-14, 16-21, 23, 24, 26, 27, 29
radón 21
rayos X 8, 9, 24, 25, 28
rayos gamma 15, 30
Roentgen, Wilhelm 8
ropa interior de plomo 9
Royal Institution 20
Rutherford, Ernest 9

S
sievert (unidad de medida) 29
Sociedad Real 21
Sorbona 22

T
torio 11, 21
transmutación 21
tuberculosis 28

U
Universidad de París 22
uranio 8, 10, 11, 14, 21

V
vida media 27, 31